UNO A UNO

UNO A UNO

Guía de Discipulado Personal

UNO A UNO
© 1996–2022 by Steve Murrell
Todos los derechos reservados.
Publicado por Every Nation Churches & Ministries
P.O. Box 1787, Brentwood, TN 37024-1787, USA
Email: communications@everynation.org

Reservados todos los derechos. Ninguna parte de esta publicación puede ser reproducida o transmitida de ninguna forma o por ningún medio, electrónico o mecánico, incluyendo fotocopias, grabaciones o cualquier sistema de almacenamiento y recuperación de información, sin el permiso por escrito de Every Nation Churches & Ministries.

La Santa Biblia, Nueva Versión Internacional® NVI® Copyright © 1999 by Biblica, Inc.® Usado con permiso. Todos los derechos reservados globalmente.

ÍNDICE

UN BUEN COMIENZO vii

INTRO ix

1. **LA SALVACIÓN**
   Un Nuevo Comienzo 1

2. **EL SEÑORÍO**
   Un Nuevo Amo 9

3. **EL ARREPENTIMIENTO**
   Una Nueva Dirección 13

4. **EL BAUTISMO**
   Una Vida Nueva 19

5. **LA BIBLIA Y LA ORACIÓN**
   Una Nueva Devoción 29

6. **LA IGLESIA**
   Nuevas Relaciones 37

7. **EL DISCIPULADO**
   Una Nueva Misión 43

UN BUEN COMIENZO

Entre los años 1974 y 1979 un pastor de jóvenes presbiteriano, audaz y de espiritu joven, llamado Ron, invadió los colegios locales en mi pueblo natal de Jackson, Mississippi, compartiendo el evangelio con valentía, uno a uno, a cualquiera que escuchara, y con algunos que no querían escuchar. A lo largo de esos años, un sinnúmero de jóvenes escucharon y entendieron el plan de Dios para salvación por primera vez. Cientos respondieron. Muchos se dedicaron al servicio del Señor en el ministerio a tiempo completo como plantadores de iglesias, ministros juveniles, pastores y misioneros.

Yo soy uno de los que escucharon el evangelio por primera vez a través de Ron en los años setenta. Sin embargo, mi primera reacción a Ron y su evangelio no fue arrepentirme, sino correr. Corrí de Ron, de sus discípulos y de Dios. Corrí evitándolo por seis meses lo mejor que pude. Era una tarea difícil, porque parecía que estaba por todos lados. Estuvo presente en todos los partidos de fútbol americano y de básquetbol. Estaba en los pasillos del colegio, en el comedor y en el estacionamiento. Él y su grupo de discípulos siempre me estaban invitando a otro retiro, a otro estudio bíblico, a otra reunión de oración, a otra noche juvenil en la iglesia. Finalmente, en noviembre de 1975, respondí al evangelio. Me arrepentí y puse mi fe solamente en Cristo. Afortunadamente el trabajo de Ron no terminó allí. El no estaba conforme con solo poner otra marca en su Biblia, que ya estaba bien gastada, para representar otra alma salvada. Debido a que él no estaba buscando salvar almas, sino hacer discípulos, su trabajo conmigo apenas estaba comenzando. Él me añadió a uno de sus famosos "grupos de acción", en donde unos ocho de nosotros nos reuníamos semanalmente para aprender a caminar con Dios.

Yo creo en el evangelismo personal, en el seguimiento uno a uno y en el discipulado personal, uno a uno. He aquí el por qué. Ron compartió el evangelio conmigo. Yo no respondí. Corrí. Ron corrió detrás de mí. Durante seis meses, él corrió detrás de mí, predicándome y orando por mí. Él sencillamente no me dejó. Eso es el seguimiento uno a uno.

Después de responder al evangelio, Ron comenzó a discipularme en un grupo pequeño. Él me enseñó como estudiar y vivir la Biblia. Él me enseñó como orar, compartir mi fe y hacer discípulos. Eso es el discipulado uno-a-uno.

El seguimiento y discipulado personal. Esa es la gran comisión. De eso se trata este pequeño libro.

Uno a Uno se escribió como una herramienta sencilla para ayudar en el seguimiento y discipulado personal. Es una guía. No puede hacer un discípulo, pero te puede ayudar a hacer uno. Lo más importante, ayuda al nuevo discípulo a tener un buen comienzo.

Steve Murrell
Manila, Filipinas, 1996

INTRO

"Vengan, síganme—les dijo Jesús—, y los haré pescadores de hombres."

MARCOS 1:17

Mientras sigues a Jesús, estos 5 pasos te ayudarán para empezar correctamente con una buena **INTRO**ducción.

I Inicia tu vida cristiana dejando de confiar en ti mismo y en tus propias buenas obras, y empieza a confiar solamente en Jesús para salvarte.

> *Porque por gracia ustedes han sido salvados mediante la fe; esto no procede de ustedes, sino que es regalo de Dios, no por obras, para que nadie se jacte.*
>
> EFESIOS 2:8,9

N No continúes viviendo en el pecado, sino aléjate de todo lo que la Biblia llama pecado.

> *A pesar de todo, el fundamento de Dios es sólido y se mantiene firme, pues está sellado con esta inscripción: "El Señor conoce a los suyos", y esta otra: "Que se aparte de la maldad todo el que invoca el nombre del Señor".*
>
> 2 DE TIMOTEO 2:19

Testifica a otros acerca de tu nuevo compromiso de seguir a Jesús.

> *Jesús no se lo permitió, sino que le dijo: Vete a tu casa, a los de tu familia, y diles todo lo que el Señor ha hecho por ti y cómo te ha tenido compasión. Así que el hombre se fue y se puso a proclamar en Decápolis lo mucho que Jesús había hecho por él. Y toda la gente se quedó asombrada.*
>
> MARCOS 5:19-20

Relaciónate con otros cristianos a través de un grupo de estudio bíblico o discipulado personal y asiste a los servicios semanales de adoración.

> *No dejemos de congregarnos, como acostumbran hacerlo algunos, sino animémonos unos a otros, y con mayor razón ahora que vemos que aquel día se acerca.*
>
> HEBREOS 10:25

Obedece la Biblia, mientras la lees todos los días.

> *Recita siempre el libro de la ley y medita en él de día y de noche; cumple con cuidado todo lo que en él está escrito. Así prosperarás y tendrás éxito.*
>
> JOSUÉ 1:8

1 LA SALVACIÓN

UN NUEVO COMIENZO

Por lo tanto, si alguno está en Cristo, es una nueva creación. ¡Lo viejo ha pasado, ha llegado ya lo nuevo!

2 DE CORINTIOS 5:17

Una nueva creación. Un nuevo comienzo. Para todos nosotros que hemos alguna vez deseado empezar de nuevo, estas son buenas noticias. Pero, antes de poder apreciar realmente las buenas noticias, tenemos que entender exactamente por qué necesitamos empezar de nuevo. ¿Por qué necesitamos convertirnos en una "nueva creación"? ¿Por qué necesitamos la salvación?

EL PROBLEMA:
La Separación a causa de nuestro pecado

Existe una brecha incalculable que separa a Dios del hombre. La causa de esta separación eterna entre Dios y el hombre es el pecado.

¿Te has sentido alguna vez alejado de Dios? Todos lo hemos sentido. Sentirse alejado de Dios es algo común. Muchos que han notado esta gran separación creen que si meditan más y aprenden más acerca de su religión o simplemente ir a algún santuario religioso estarán más cerca de Dios. Pero ya que la separación de Dios no es física o intelectual, ni siquiera la meditación o el conocimiento pueden llevarnos más cerca de Dios. ¿Qué causa la separación entre Dios y el hombre?

> *La mano del Señor no es corta para salvar, ni es sordo su oído para oír. Son las iniquidades de ustedes las que los separan de Dios. Son estos pecados los que lo llevan a ocultar su rostro para no escuchar.*
>
> ISAÍAS 59:1–2

La separación entre Dios y el hombre es una separación moral. Dios es santo; el hombre no lo es. Dios es bueno; el hombre no. Dios es justo; el hombre no. Todos los hombres han pecado; por lo tanto, todos están eternamente separados de Dios. Todos sufrirán las consecuencias de su pecado, que es la muerte eterna.

> *Pues todos han pecado y están privados de la gloria de Dios.*
>
> ROMANOS 3:23

> *Porque la paga del pecado es muerte, mientras que la dádiva de Dios es vida eterna en Cristo Jesús, nuestro Señor.*
>
> ROMANOS 6:23

LA SOLUCIÓN:
El Sacrificio de Dios y la Sustitución

La justicia de Dios demanda un sacrificio por el pecado del hombre. Jesucristo vino a ser ese sacrificio al pagar el precio por nuestro pecado en la cruz.

Ya que Dios es santo, recto y justo, Él no puede permitir que el pecado pase por alto sin pagar el castigo. Porque Él es amoroso y compasivo, no quiere que todo ser humano esté separado eternamente de Él. La solución divina a este problema fue que Jesús, el único hijo de Dios, se convirtiera en el sacrificio por el pecado.

> *Ahora, al final de los tiempos, se ha presentado una sola vez y para siempre a fin de acabar con el pecado mediante el sacrificio de sí mismo. Y así como está establecido que los seres humanos mueran una sola vez, y después venga el juicio, también Cristo fue ofrecido en sacrificio una sola vez para quitar los pecados de muchos; y aparecerá por segunda vez, ya no para cargar con pecado alguno, sino para traer salvación a quienes lo esperan.*
>
> HEBREOS 9:26-28

¿Qué fue exactamente lo que pasó en la cruz? Jesús tomó nuestro lugar y nuestro castigo. Él intercambió su justicia por nuestros pecados. Él tomó nuestra maldición y nos dio su bendición. Por su vida sin pecado, Él era el único calificado que podía pagar la pena por el pecado del hombre y hacer un puente en el vacío que había entre Dios y el hombre.

> *Al que no cometió pecado alguno, por nosotros Dios lo trató como pecador, para que en él recibiéramos la justicia de Dios.*
>
> 2 DE CORINTIOS 5:21
>
> *Cristo nos rescató de la maldición de la ley al hacerse maldición por nosotros, pues está escrito: «Maldito todo el que es colgado de un madero.»*
>
> GÁLATAS 3:13

EL RESULTADO:
Nuestra Salvación y Reconciliación

Cristo murió en la cruz para que nosotros podamos recibir el perdón por nuestros pecados, ser reconciliados con Dios y tener vida eterna.

Todos hemos pecado contra un Dios santo y justo. La paga del pecado es la eterna separación de Dios en el infierno. Dios es justo y debe castigar el pecado. Él también es amoroso y no desea que nosotros vayamos al infierno para siempre. Por lo tanto, Él mandó a su hijo, Jesucristo, para pagar el castigo del pecado al morir en la cruz. Por Su vida sin pecado, la muerte no pudo detenerlo. Él resucitó de la muerte en el tercer día. En Cristo experimentamos el perdón por nuestros pecados y la vida eterna. En Él somos restaurados para presentarnos justos delante de Dios y recibimos una nueva vida como Sus hijos.

> *Porque tanto amó Dios al mundo, que dio a su Hijo unigénito, para que todo el que cree en él no se pierda, sino que tenga vida eterna.*
>
> JUAN 3:16
>
> *En él tenemos la redención mediante su sangre, el perdón de nuestros pecados, conforme a las riquezas de la gracia.*
>
> EFESIOS 1:7
>
> *Pero ahora en Cristo Jesús, a ustedes que antes estaban lejos, Dios los ha acercado mediante la sangre de Cristo.*
>
> EFESIOS 2:13

LA RESPUESTA:
Recibir el regalo (dádiva) de Dios por fe

Nosotros recibimos salvación cuando dejamos de confiar en nosotros mismos y ponemos nuestra confianza en lo que Cristo hizo por nosotros. Nuestra salvación es el resultado de la Gracia de Dios, está basada en lo que Jesucristo hizo por nosotros en la cruz, no tiene nada que ver con lo que nosotros hagamos por Él. No podemos salvarnos a nosotros mismos o recibir la aprobación de Dios por nuestras buenas obras. Nosotros somos salvos por la gracia de Dios, cuando reconocemos la necesidad de un Salvador, nos volvemos del pecado y recibimos a Jesucristo como Señor y Salvador, poniendo toda nuestra confianza solamente en Él como salvador.

Que si confiesas con tu boca que Jesús es el Señor, y crees en tu corazón que Dios lo levantó entre los muertos, serás salvo. Porque con el corazón se cree para ser justificado, pero con la boca se confiesa para ser salvo.

ROMANOS 10:9-10

Porque por gracia ustedes han sido salvados mediante la fe; esto no procede de ustedes, sino que es regalo de Dios, no por obras, para que nadie se jacte.

EFESIOS 2:8-9

APLICACIÓN PERSONAL

- ¿Has dejado de confiar en ti mismo y empezado a confiar solamente en Cristo para salvación?

　

- ¿Te has apartado de todo pecado conocido?

　

- ¿Has confesado a Jesús como tu Señor y amo de tu vida?

　

- ¿Estas dispuesto a seguir y obedecerlo por el resto de tu vida?

ORACIÓN PARA SALVACIÓN

Padre celestial…Reconozco la separación que hay entre nosotros…Yo confieso que he pecado… te pido perdón por mi pecado…ya que he caído fuera de tu gloria.Te agradezco por haber mandado a tu Hijo Jesús…a pagar el precio por mi pecado…Yo creo que Él murió en la cruz por mí…yo creo que tú lo levantaste de la muerte…Te pido perdón por mis pecados…y te quiero pedir que me perdones y me limpies…Quiero dar la espalda a todo lo que la Biblia llama pecado…y te recibo como mi Señor, Amo y Salvador…ayúdame a amarte, servirte y obedecerte…por el resto de mi vida… en el nombre de Jesús…¡Amen!

UNA NUEVA VIDA

Si tú has orado sinceramente ésta oración, la Biblia ha prometido que ¡las cosas viejas han pasado, todas son hechas nuevas! Las próximas seis lecciones te introducirán a algunas de las cosas nuevas que han sucedido.

2 EL SEÑORÍO

UN NUEVO AMO

Por tanto, sépalo bien todo Israel que a este Jesús, a quien ustedes crucificaron, Dios lo ha hecho Señor y Mesías.

HECHOS 2:36

El Señorío es uno de los mensajes centrales de la Biblia. Jesús es mencionado como "Señor" noventa y dos veces en el libro de Hechos y 747 veces en todo el Nuevo Testamento, mientras que es mencionado como "Salvador" solamente dos veces en Hechos y 24 veces en el Nuevo Testamento. El énfasis bíblico es más profundo en el concepto del Señorío. Señor significa amo, el que dice qué se debe hacer, el que toma las decisiones.

EL SEÑORÍO Y LA SALVACIÓN

El comienzo de la salvación es el reconocimiento del Señorío de Cristo. El confesar que Jesús es el Señor implica una sumisión a su Señorío en cada área de la vida. Si Jesús no es Señor de todo, entonces Él no es Señor de nada. No tenemos la opción de recibirlo como Salvador pero no como Señor. La Salvación es una propuesta de "todo o nada".

> *Que si confiesas con tu boca que Jesús es el Señor, y crees en tu corazón que Dios lo levantó entre los muertos, serás salvo.*
>
> ROMANOS 10:9

EL SEÑORÍO DEMANDA OBEDIENCIA

De cualquiera que proclame que Cristo es su Señor, se espera que haga lo que Cristo dice. La fe intelectual y la confesión vacía no son suficientes. Si decimos que Cristo es nuestro Señor, nuestro estilo de vida debe reflejarlo.

> *¿Por qué me llaman ustedes "Señor, Señor", y no hacen lo que les digo?*
>
> LUCAS 6:46

> *No todo el que me dice "Señor, Señor", entrará al reino de los cielos, sino sólo el que hace la voluntad de mi Padre que está en los cielos.*
>
> MATEO 7:21

EL SEÑORÍO EMPIEZA EN EL CORAZÓN

Someterse a Cristo como Señor no significa seguir una serie de leyes religiosas y tradiciones. En realidad, el Señorío es algo del corazón. El Señorío comienza como una sumisión interna del corazón. Si esto es genuino, eventualmente se manifestará en una obediencia visible.

> *Más bien, honren en su corazón a Cristo como Señor.*
>
> 1 DE PEDRO 3:15

EL SEÑORÍO ES UN CAMINAR CONTINUO

Nosotros empezamos nuestra vida cristiana reconociendo que Jesús es Señor. Debemos continuar caminando bajo su Señorío por el resto de nuestras vidas. El Señorío no es tener una sola experiencia con Dios, sino desarrollar un caminar con Dios para toda la vida. Cuanto más lo conocemos, más nos sometemos a Él.

> *Por eso, de la manera que recibieron a Cristo Jesús como Señor, vivan ahora en Él.*
>
> COLOSENSES 2:6

APLICACIÓN PERSONAL

- ¿Hay áreas en tu vida que no has sometido todavía al Señorío de Jesucristo?

  _____

  _____

- ¿Están tus relaciones bajo su Señorío?

  _____

  _____

- ¿Están tus finanzas bajo su Señorío?

  _____

  _____

- ¿Está tu tiempo sometido a su Señorío?

  _____

  _____

3 EL ARREPEN-TIMIENTO

UNA NUEVA DIRECCIÓN

Arrepiéntase y bautícese cada uno de ustedes en el nombre de Jesucristo para perdón de sus pecados— les contestó Pedro—, y recibirán el don del Espíritu Santo.

HECHOS 2:38

Manejar un carro en sentido contrario en una calle de un solo sentido es peligroso (¡por no decir tonto!). Algunos manejan en sentido contrario en una calle de un solo sentido por ignorancia. Otros lo hacen por rebeldía. Hay un paralelo espiritual. Ya sea por ignorancia o por rebelión, todos estamos en una peligrosa calle de un solo sentido que llevará finalmente a una eterna separación con Dios. Hasta que no demos media vuelta (arrepentirnos) y empecemos a seguir a Cristo, cada paso que demos va a ser un paso en la dirección equivocada, un paso más lejos de Dios.

ARREPENTIMIENTO, TRISTEZA Y FRUTO

El verdadero arrepentimiento empieza cuando en verdad te sientes mal por tus pecados. Esta "tristeza que viene de Dios" no produce excusas. Toma toda la responsabilidad. Nunca le echa la culpa a otras personas, a la sociedad o las circunstancias. Esta tristeza que proviene de Dios reconoce que nuestros pecados son primeramente en contra de Dios. La tristeza que viene de Dios produce arrepentimiento verdadero y un cambio de vida.

> *La tristeza que proviene de Dios produce arrepentimiento que lleva a la salvación, de la cual no hay que arrepentirse, mientras que la tristeza del mundo produce la muerte.*
>
> 2 DE CORINTIOS 7:10
>
> *Pero te confesé mi pecado, y no te oculté mi maldad. Me dije: «Voy a confesar mis transgresiones al SEÑOR», y tú perdonaste mi maldad y mi pecado.*
>
> SALMOS 32:5

Por otro lado, la "tristeza del mundo" solo produce excusas. Tener la tristeza que viene de Dios es tener el corazón roto cuando nos damos cuenta que hemos ofendido a un Dios Santo. La tristeza del mundo es estar triste porque alguien nos sorprendió haciendo algo indebido, o estar triste porque tenemos que pagar las consecuencias del pecado. La diferencia final entre la tristeza que viene de Dios y la del mundo es su fruto. La tristeza del mundo nunca produce el fruto de una vida cambiada; solo produce muerte espiritual.

> *A todos les prediqué que se arrepintieran y se convirtieran a Dios, y que demostraran su arrepentimiento con sus buenas obras.*
>
> HECHOS 26:20
>
> *Produzcan frutos que demuestren arrepentimiento.*
>
> MATEO 3:8

ARREPENTIMIENTO Y PERDÓN

La parábola del hijo pródigo en Lucas 15:11-24 es una hermosa ilustración del verdadero arrepentimiento. El hijo perdido recapacitó, dejó atrás su rebeldía y regresó a su padre. Él dio un giro de 180 grados. Él caminó en sentido opuesto a su forma de vida en pecado y rebelión. Su padre le perdonó sus ofensas y lo recibió de regreso. De la misma forma, nuestro Padre Celestial es fiel para perdonarnos cuando nos volvemos a Él y nos arrepentimos de nuestro pecado.

> *Arrepiéntanse y vuélvanse hacia Dios, para que tus pecados sean borrados y vengan tiempos de descanso de parte del Señor.*
>
> HECHOS 3:19

¿Has llegado a tener una mancha en tu camisa que no se pueda quitar? Imagínate un removedor de manchas que no solo puede remover manchas, sino que haga que tu camisa sea nueva otra vez. ¡Eso es lo que pasa cuando nos arrepentimos y recibimos a Jesús como nuestro Señor y Salvador! Él no solo limpia las manchas de culpa y vergüenza por el pecado en nuestros corazones, Él nos da un corazón nuevo.

> *Si confesamos nuestros pecados, Dios, que es fiel y justo, nos los perdonará y nos limpiará de toda maldad.*
>
> 1 JUAN 1:9

SIN REMORDIMIENTO

El arrepentimiento es dar la espalda al pecado y volverse hacia Dios. Esto significa dejar de confiar en nuestras propias obras y actividades religiosas y empezar a confiar en Cristo solamente. Nosotros íbamos en dirección equivocada; ahora vamos en la dirección correcta. Estábamos huyendo de Dios; ahora estamos caminando con Él. El arrepentimiento es el punto inicial de una nueva vida. El arrepentimiento nos pone fuera de una vida centrada en nosotros mismos y nos pone en la vía rápida del propósito glorioso de Dios para nuestras vidas. Volverse hacia Dios significa no mirar atrás ni tener remordimiento.

> *La tristeza que proviene de Dios produce arrepentimiento que lleva a la salvación, de la cual no hay que arrepentirse*
>
> 2 DE CORINTIOS 7:10

APLICACIÓN PERSONAL

- ¿Tu vida va en la dirección correcta?

  _____

  _____

- ¿Hay áreas de tu vida en pecado con las cuales sigues luchando?

  _____

  _____

- ¿Tienes alguna tentación intensa o alguna debilidad constante en la cual necesitas oración?

  _____

  _____

- ¿Hay pecados a los que les has dado la espalda, pero te sigues sintiendo condenado?

  _____

  _____

4 EL BAUTISMO

UNA VIDA NUEVA

Arrepiéntase y bautícese cada uno de ustedes en el nombre de Jesucristo para perdón de sus pecados –les contesto Pedro–, y recibirán el don del Espíritu Santo... Así pues, los que recibieron su mensaje fueron bautizados, y aquel día se unieron a la iglesia unas tres mil personas.

HECHOS 2:38,41

Cuando la multitud le preguntó a Pedro qué debían de hacer en respuesta a su sermón, él les dio una lista de tres cosas: Arrepiéntanse, bautícense y reciban el don del Espíritu Santo. Miles respondieron y fueron añadidos a la iglesia y al compañerismo con los creyentes. El patrón bíblico es que todo aquel que es bautizado también es añadido. Se espera que todo discípulo bautizado se convierta en una miembro activo de la comunidad o iglesia local.

EL BAUTISMO EN AGUA

La Biblia presenta varias ilustraciones para ayudarnos a entender el bautismo en agua. Cada representación del bautismo en agua muestra el estilo de vida viejo se deja atrás y una nueva vida emergiendo. En el bautismo en agua, nos identificamos públicamente con lo que Cristo hizo por nosotros en la cruz, dejamos fuera la vieja vida de pecado e iniciamos una nueva vida de obediencia a Cristo.

SEPULTURA Y RESURRECCIÓN

Pablo compara el bautismo cristiano a una sepultura. Para ser enterrada, una persona debe morir primeramente. De la misma manera, el requisito indispensable para el bautismo es morir al pecado. Después de que somos sepultados por medio del bautismo, somos resucitados para vivir una vida nueva.

> *¿Qué concluiremos? ¿Vamos a persistir en el pecado, para que la gracia abunde? ¡De ninguna manera! Nosotros, que hemos muerto al pecado, ¿cómo podemos seguir viviendo en él? ¿Acaso no saben ustedes que todos los que fuimos bautizados para unirnos con Cristo Jesús, en realidad fuimos bautizados para participar en su muerte? Por tanto, mediante el bautismo fuimos sepultados con él en su muerte, a fin de que, así como Cristo resucitó por el poder del Padre, también nosotros llevemos una vida nueva.*
>
> ROMANOS 6:1–4

EL CRUCE DEL MAR ROJO

De la misma forma que los Israelitas eran esclavos de los Egipcios, nosotros éramos esclavos del pecado. Los israelitas fueron liberados de la esclavitud al pasar por el Mar Rojo. El bautismo es una ilustración de la libertad sobre el pecado que Jesús compró por nosotros en la cruz.

> *No quiero que desconozcan, hermanos, que nuestros antepasados estuvieron todos bajo la nube y que todos atravesaron el mar. Todos ellos fueron bautizados en la nube y en el mar para unirse a Moisés.*
>
> 1 CORINTIOS 10:1–2

EL DILUVIO

Pedro enseñó que no es el agua o la "limpieza de la suciedad" lo que nos salva, sino la muerte y resurrección de Cristo.

> *En los tiempos antiguos, en los días de Noé, desobedecieron cuando Dios esperaba con paciencia mientras se construía el arca. En ella solo pocas personas, ocho en total, se salvaron mediante el agua, la cual simboliza el bautismo que ahora los salva también a ustedes. El bautismo no consiste en la limpieza del cuerpo, sino en el compromiso de tener una buena conciencia delante de Dios. Esta salvación es posible por la resurrección de Jesucristo.*
>
> 1 PEDRO 3:20–21

EL BAUTISMO EN EL ESPIRITU SANTO

Es imposible vivir una vida Cristiana apartado de la presencia y poder del Espíritu Santo. Jesús prometió que el Espíritu Santo vendría a guiarnos hacia toda la verdad.

> *Pero les digo la verdad: Les conviene que me vaya porque, si no lo hago, el Consolador no vendrá a ustedes; en cambio, si me voy, se lo enviaré a ustedes...Pero cuando venga el Espíritu de la verdad, él los guiará a toda la verdad, porque no hablará por su propia cuenta sino que dirá sólo lo que oiga y les anunciará las cosas por venir.*
>
> JUAN 16:7, 13

JESÚS Y EL BAUTISMO DEL ESPÍRITU SANTO

Juan el Bautista enseñó que el bautismo en agua era un acto de arrepentimiento y señaló que Jesús bautizaría a Sus discípulos con el Espíritu Santo.

> *Yo los bautizo a ustedes con agua para que se arrepientan. Pero el que viene después de mi es más poderoso que yo, y ni siquiera merezco llevarle las sandalias. Él los bautizara con el Espíritu Santo y con fuego.*
>
> MATEO 3:11

PODER PARA SER TESTIGO

El Espíritu Santo nos da poder para ser testigos efectivos. Un testigo es alguien que no solo dice la verdad, sino que también vive la verdad.

> *Pero cuando venga el Espíritu Santo sobre ustedes, recibirán poder y serán mis testigos tanto en Jerusalén como en toda Judea y Samaria, y hasta los confines de la tierra.*
>
> HECHOS 1:8

LOS DONES DE DIOS PARA HOY EN DÍA

Pedro nos enseñó que el Bautismo del Espíritu Santo es un don de Dios prometido para todo creyente, no solo para aquellos que estuvieron presentes aquel día de Pentecostés.

> *—Arrepiéntase y bautícese cada uno de ustedes en el nombre de Jesucristo para perdón de sus pecados — les contestó Pedro—, y recibirán el don del Espíritu Santo. En efecto, la promesa es para ustedes, para sus hijos y para todos los extranjeros, es decir, para todos aquellos a quienes el Señor nuestro Dios quiera llamar.*

HECHOS 2:38–39

COMO RECIBIR EL BAUTISMO EN EL ESPÍRITU SANTO

Santiago nos dice que no tenemos porque no pedimos (Santiago 4:2). Para recibir el bautismo en el Espíritu Santo debemos de pedir, y debemos de pedirlo con fe

> *Pues si ustedes, aun siendo malos, saben dar cosas buenas a sus hijos, ¡cuánto más el Padre celestial dará el Espíritu Santo a quienes se lo pidan!*

LUCAS 11:13

LA IMPOSICIÓN DE MANOS

Muchos discípulos en el Nuevo Testamento recibieron el bautismo en el Espíritu Santo por medio de la imposición de manos.

> *Entonces Pedro y Juan les impusieron las manos, y ellos recibieron el Espíritu Santo.*

HECHOS 8:17

LOS DONES ESPIRITUALES

El bautismo en el Espíritu Santo está acompañado por la manifestación de los dones espirituales. En los relatos bíblicos del bautismo en el Espíritu Santo, el don espiritual mas común que se manifestó fue el don de lenguas.

> *Todos fueron llenos del Espíritu Santo y comenzaron a hablar en diferentes lenguas, según el Espíritu les concedía expresarse.*
>
> HECHOS 2:4
>
> *Mientras Pedro estaba todavía hablando, el Espíritu Santo descendió sobre todos los que escuchaban el mensaje. Los defensores de la circuncisión que habían llegado con Pedro se quedaron asombrados de que el don del Espíritu Santo se hubiera derramado también sobre los gentiles, pues los oían hablar en lenguas y alabar a Dios.*
>
> HECHOS 10:44-46
>
> *Cuando Pablo les impuso las manos, el Espíritu Santo vino sobre ellos, y empezaron a hablar en lenguas y a profetizar.*
>
> HECHOS 19:6

EL DON DE LENGUAS Y DE PROFECÍA

Las lenguas y la profecía son designadas para la edificación o para fortalecimiento. Las lenguas fortalecen al individuo, mientras que la profecía fortalece a la iglesia.

Empéñense en seguir el amor y ambicionen los dones espirituales, sobre todo el de profecía … el que profetiza habla a los demás para edificarlos, animarlos y consolarlos.

1 CORINTIOS 14:1,3

El que habla en lenguas se edifica a si mismo; en cambio, el que profetiza edifica a la iglesia. Yo quisiera que todos ustedes hablaran en lenguas, pero mucho más que profetizaran.

1 CORINTIOS 14:4–5

Porque si yo oro en lenguas, mi espíritu ora, pero mi entendimiento no se beneficia en nada. ¿Qué debo hacer entonces? Pues orar con el espíritu, pero también con el entendimiento; cantar con el espíritu, pero también con el entendimiento.

1 CORINTIOS 14:14–15

Así que hermanos míos, ambicionen el don de profetizar, y no prohíban que se hable en lenguas. Pero todo debe hacerse de una manera apropiada y con orden.

1 CORINTIOS 14:39–40

APLICACIÓN PERSONAL

- ¿Te has arrepentido de todos tus pecados?

  _____

  _____

- ¿Has puesto tu confianza solamente en Cristo para tu salvación?

  _____

  _____

- ¿Has sido bautizado en agua después de arrepentirte?

  _____

  _____

- ¿Te gustaría bautizarte en agua?

  _____

  _____

- ¿Has recibido el bautismo en el Espíritu Santo? ¿Te gustaría que alguien orara por ti para que recibas el bautismo en el Espíritu Santo?

  _____

  _____

5 LA BIBLIA Y LA ORACIÓN

UNA NUEVA DEVOCIÓN

Se mantenían firmes en la enseñanza de los apóstoles, en la comunión, en el partimiento del pan y en la oración.

HECHOS 2:42

Mientras mejor sea la comunicación, mejor será la relación. El Cristianismo es más que una religión. Lo primero y más importante es una relación con Dios. El fundamento de una relación saludable es la comunicación. Dios nos habla de diferentes maneras, pero principalmente a través de Su palabra, la Biblia. Nosotros le hablamos a Él mediante la oración. Nosotros aprendemos a escuchar la voz de Dios en nuestras vidas cuando leemos Su Palabra. Él nos escucha cuando oramos. Nosotros respondemos a Su Palabra con acciones. Él responde a nuestras oraciones con acciones.

LA BIBLIA

Más que una hermosa colección de historias, poemas y cartas, la Biblia es la inspirada Palabra de Dios escrita. Nosotros debemos seguir el ejemplo de Job, quien valoró la palabra de Dios más que el alimento.

> *No me he apartado del mandamiento de sus labios; en lo más profundo de mi ser he atesorado las palabras de su boca más que mi pan diario.*
>
> JOB 23:12

Antes de convertirnos a Cristo, vivíamos por los estándares del mundo. Ahora, aceptamos la Biblia como la autoridad definitiva de lo que nosotros creemos y por como vivimos. La Palabra de Dios es el estándar definitivo y absoluto para toda área de nuestra vida.

¿CUÁL ES LA CLAVE PARA TENER CRECIMIENTO ESPIRITUAL?

Así como los bebés recién nacidos desean con ansias la leche, los nuevos cristianos genuinos desean con ansias la Palabra de Dios y necesitan crecer fuertes en la fe.

> *Deseen con ansias la leche pura de la palabra, como niños recién nacidos. Así, por medio de ella, crecerán en su salvación. Ahora que han probado lo bueno que es el Señor.*
>
> 1 DE PEDRO 2:2-3

Mientras más oigamos y/o leamos la Biblia, más crecerá nuestra fe.

> *Así que la fe viene como resultado de oír el mensaje, y el mensaje que se oye es la palabra de Dios.*
>
> ROMANOS 10:17

¿CÓMO PUEDO RESISTIR LA TENTACIÓN?

Jesús resistió la tentación, no por fuerza de voluntad, sino por conocer y citar la palabra de Dios. Nosotros podemos ganar la guerra de la tentación de la misma forma, conociendo y declarando la palabra de Dios.

> *El tentador se le acercó y le propuso: Si eres el Hijo de Dios, ordena a estas piedras que se conviertan en pan. Jesús le respondió: Escrito está: "No sólo de pan vive el hombre, sino de toda palabra que sale de la boca de Dios.*
>
> MATEO 4:3-4

El conocimiento del hombre y actividades religiosas no producen pureza y santidad. La palabra plantada profundamente en nuestros corazones nos apartará del pecado.

> *¿Cómo puede el joven llevar una vida íntegra? Viviendo conforme a tu palabra... En mi corazón atesoro tus dichos para no pecar contra ti.*
>
> SALMOS 119:9, 11

¿CÓMO PUEDO SER EXITOSO?

Medita en la palabra de Dios y obedécela cuidadosamente; si haces esto, el éxito vendrá inevitablemente. La obediencia trae el éxito.

> *Recita siempre el libro de la ley y medita en el día y noche; cumple con cuidado todo lo que en él esta escrito. Así prosperarás y tendrás éxito.*
>
> JOSUÉ 1:8

¿CÓMO PUEDO CONOCER LA VOLUNTAD DE DIOS PARA MI VIDA?

Mientras renovamos nuestras mentes al estudiar la palabra de Dios, seremos transformados y entenderemos la voluntad de Dios.

> *No se amolden al mundo actual, sino sean transformados mediante la renovación de su mente. Así podrán comprobar cual es la voluntad de Dios, buena, agradable y perfecta.*
> ROMANOS 12:2

¿QUÉ PASA SI CONOZCO LA PALABRA DE DIOS PERO NO HAGO LO QUE DICE?

La medida de nuestro progreso espiritual no es cuanto sepamos de la Biblia, sino cuanto de ella obedezcamos. Aquellos que están aprendiendo constantemente pero fallan en obedecerla, terminan engañándose a ellos mismos.

> *No se contenten solo con escuchar la palabra, pues así se engañan ustedes mismos. Llévenla a la práctica.*
> SANTIAGO 1:22

LA ORACION

Jesús es nuestro mejor ejemplo para orar. Observando Su vida personal de oración, podemos aprender principios importantes en cuanto a cómo tener un tiempo de intimidad de conexión con el Padre.

> *Un día estaba Jesús orando en cierto lugar. Cuando terminó, le dijo uno de sus discípulos:*
> *—Señor, enséñanos a orar, así como Juan enseñó a sus discípulos.*
>
> LUCAS 11:1

¿CÓMO NO DEBEMOS ORAR?

No ores como los hipócritas.

> *Cuando oren, no sean como los hipócritas, porque a ellos les encanta orar de pie en las sinagogas y en las esquinas de las plazas para que la gente los vea. Les aseguro que ya han obtenido toda su recompensa.*
>
> MATEO 6:5

No ores como los paganos.

> *Y al orar, no hablen solo por hablar como hacen los gentiles, porque ellos se imaginan que serán escuchados por sus muchas palabras. No sean como ellos, porque su Padre sabe lo que ustedes necesitan antes de que se lo pidan.*
>
> MATEO 6:7–8

¿CÓMO ORAR?

Ora al Padre, no a la madre, ni a los santos ni a los ángeles.

> *Pero tú, cuando te pongas a orar, entra en tu cuarto, cierra la puerta y ora a tu Padre, que está en lo secreto. Así tu Padre, que ve lo que se hace en secreto, te recompensará.*
>
> MATEO 6:6

Ora a través de Jesús. Él es el único camino hacia el Padre.

> *Porque hay un solo Dios y un solo mediador entre Dios y los hombres, Jesucristo hombre.*
>
> 1 TIMOTEO 2:5
>
> *Yo soy el camino, la verdad y la vida le contestó Jesús. Nadie llega al Padre sino por mí.*
>
> JUAN 14:6

¿POR QUÉ COSAS DEBEMOS ORAR?

Que la voluntad de Dios se cumpla.…en tu vida, en tu familia, en tu iglesia, en tu ciudad, en tu país y en toda la tierra.

> *Venga tu reino, hágase tu voluntad en la tierra como en el cielo.*
>
> MATEO 6:10

Por provisión…que las necesidades personales y familiares sean cumplidas.

> *Danos hoy nuestro pan de cada día.*
>
> MATEO 6:11

Por perdón…recibir el perdón de Dios y perdonar a quienes te hayan ofendido.

> *Perdónanos nuestras deudas, como también nosotros hemos perdonado a nuestros deudores.*
>
> MATEO 6:12

Victoria sobre la tentación…y protección contra todo ataque del diablo.

> *No nos metas en tentación, sino líbranos del mal".*
>
> MATEO 6:13

¿EN VERDAD CONTESTA DIOS LAS ORACIONES?

¡Por supuesto! Mientras más específicas sean las oraciones, más específica será la respuesta. El secreto es orar conforme a su voluntad. Conocemos su voluntad al conocer Su palabra. Por lo tanto, mientras oremos conforme a su palabra, sabremos que Él va a contestar.

> *Esta es la confianza que tenemos al acercarnos a Dios; Que si pedimos conforme a su voluntad, el nos oye. Y si sabemos que Dios oye nuestras oraciones, podemos estar seguros que ya tenemos lo que le hemos pedido.*
>
> 1 JUAN 5:14–15

APLICACIÓN PERSONAL

- ¿Tienes un tiempo y lugar dedicado para orar y leer la Biblia diariamente?

  _____

  _____

- ¿Estás integrado en un grupo de estudio Bíblico o grupo de discipulado?

  _____

  _____

- ¿Has perdonado a todos los que han pecado contra ti?

  _____

  _____

- Empieza a orar por tu "pan diario".

  _____

  _____

6 LA IGLESIA
NUEVAS RELACIONES

–Tú eres el Cristo, el Hijo del Dios viviente–afirmó Simón Pedro. –Dichoso tú, Simón, hijo de Jonás–le dijo Jesús–, porque eso no te lo reveló ningún mortal, sino mi Padre que está en el cielo. Yo te digo que tú eres Pedro, y sobre esta piedra edificaré mi iglesia, y las puertas del reino de la muerte no prevalecerán contra ella.

MATEO 16:16-18

Por una revelación del Espíritu Santo, Pedro confesó la verdadera identidad de Jesús, el Hijo de Dios. Jesús dijo que esta verdad sería la piedra angular sobre la cual su iglesia sería edificada. Él también describió el tipo de iglesia que Él edificaría, una iglesia victoriosa que vencería el reino de las tinieblas. Jesús y Pablo usaron la palabra "iglesia" en referencia al pueblo de Dios. La palabra "iglesia" nunca se refiere a un edificio religioso. Los siguientes son cuatro beneficios de ser parte de una iglesia local.

LA AMISTAD

Amigos verdaderos. Todo el mundo los necesita. Pocos los encuentran. El mejor lugar para buscar amigos verdaderos es en la iglesia, el pueblo de Dios. Los verdaderos amigos tienen en mente lo mejor para nosotros. Están con nosotros en lo bueno y lo malo.

Los verdaderos amigos nunca nos apartan de Dios. Al contrario, nos incitan a la piedad.

> *En todo tiempo ama el amigo; para ayudar en la adversidad nació el hermano.*
> PROVERBIOS 17:17
>
> *El hombre de muchos amigos se arruina, pero hay amigo más unido que un hermano.*
> PROVERBIOS 18:24

EL COMPAÑERISMO

Si se quita un carbón encendido de la fogata, se enfriará. Si se pone otra vez en medio de otros carbones que están al rojo vivo, se encenderá otra vez. Es lo mismo con los cristianos. Si un cristiano se aleja del compañerismo de otros cristianos encendidos, se enfriará espiritualmente. Si un cristiano permanece en compañerismo, se mantendrá encendido para Dios.

> *Se mantenían firmes en la enseñanza de los apóstoles, en la comunión, en el partimiento del pan y en la oración...Todos los creyentes estaban juntos y tenían todo en común; vendían sus propiedades y posesiones, y compartían sus bienes entre sí según la necesidad de cada uno. No dejaban de reunirse en el templo ni un solo día. De casa en casa partían el pan y compartían la comida con alegría y generosidad,*
> HECHOS 2:42-46

> No formen yunta con los incrédulos. ¿Qué
> tienen en común la justicia y la maldad?
> ¿O qué comunión puede tener la luz con la
> oscuridad?
>
> 2 CORINTIOS 6:14

LA ADORACIÓN

Dios está buscando adoradores sinceros. La adoración es simplemente la expresión de nuestro amor, devoción y compromiso a Dios.

> Pero se acerca la hora, y ha llegado ya, en
> que los verdaderos adoradores rendirán culto
> al Padre en espíritu y en verdad, porque así
> quiere el Padre que sean los que le adoren.
> Dios es espíritu, y quienes lo adoran deben
> hacerlo en espíritu y en verdad.
>
> JUAN 4:23-24
>
> "...Lo que me has oído decir en presencia de
> muchos testigos, encomiéndalo a creyentes
> dignos de confianza, que a su vez estén
> capacitados para enseñar a otros."
>
> 2 TIMOTEO 2:2

EL DISCIPULADO

El último mandato que Jesús dio a sus seguidores antes de ascender al cielo fue que fueran e hicieran discípulos, bautizarlos y enseñarles cómo obedecer la palabra de Dios. Por eso, debemos ser primero discípulos o seguidores de Jesús, y luego debemos enseñar a otros a seguirlo.

Por tanto, vayan y hagan discípulos de todas las naciones, bautizándolos en el nombre del Padre y del Hijo y del Espíritu Santo, enseñándoles a obedecer todo lo que les he mandado a ustedes. Y les aseguro que estaré con ustedes siempre, hasta el fin del mundo.

MATEO 28:19–20

Lo que me has oído decir en presencia de muchos testigos, encomiéndalo a creyentes dignos de confianza, que a su vez estén capacitados para enseñar a otros.

2 TIMOTEO 2:2

APLICACIÓN PERSONAL

- ¿Estás tú siendo discipulado, sea en forma personal, uno a uno o en un grupo de estudio Bíblico?

  _____

  _____

- ¿Estás haciendo discípulos? ¿A quién estás enseñando a obedecer la palabra de Dios?

  _____

  _____

- ¿Eres un miembro activo de una iglesia local?

  _____

  _____

- Menciona a tres cristianos que tú puedes llamar en caso de una emergencia espiritual.

  _____

  _____

EL DISCIPULADO

UNA NUEVA MISIÓN

"... Más bien, bien, honren en su corazón a Cristo como Señor. Estén siempre preparados para responder a todo el que les pida razón de la esperanza que hay en ustedes ..."

1 PEDRO 3:15

" Mientras subía Jesús a la barca, el que había estado endemoniado le rogaba que le permitiera acompañarlo. Jesús no se lo permitió, sino que le dijo: —Vete a tu casa, a los de tu familia, y diles todo lo que el Señor ha hecho por ti y cómo te ha tenido compasión."

MARCOS 5:18-19

Si fueras el médico que descubre la milagrosa cura del cáncer, ¿no te gustaría que todos supieran del descubrimiento? Ahora tienes una cura milagrosa para algo más mortal que el cáncer. Tienes la solución para el pecado.

Hacer discípulos comienza con compartir las buenas noticias de la solución de Dios para el pecado a tu familia y amigos. Para que estemos preparados para contarles a otros acerca de la esperanza de la salvación, debemos aprender a dar nuestro testimonio y predicar el evangelio.

Al hacer esto, comenzamos a hacer discípulos.

CÓMO DAR TU TESTIMONIO

En un tribunal de justicia, un testigo dice "la verdad y nada más que la verdad" acerca de lo que ha visto, oído y experimentado. Estamos llamados a ser testigos de Dios.

Debemos decir la verdad acerca de lo que Él ha hecho por, en, y a través de nosotros al compartir nuestro testimonio.

Ser testigos también demanda que vivamos una vida que testifique de la gracia de nuestro Señor Jesús. Un testigo es algo que somos, no algo que hacemos. Debemos "ser" testigos.

La única manera en que podemos ser testigos es a través del poder del Espíritu Santo, quien nos empodera para proclamar con valentía nuestro testimonio y el evangelio.

La palabra de tu testimonio es poderosa. Es un relato personal e irrefutable de lo que Jesús ha hecho por ti y cómo ha cambiado tu vida.

Hay tres partes para compartir tu testimonio, que es tu milagro en dos minutos:

- Describe brevemente tu vida antes de Cristo.
- Explica cuidadosamente cómo llegaste al punto de someter tu vida a Cristo.
- Describe alegremente tu vida desde que Jesús se convirtió en tu Señor.

Tómate más tiempo para explicar cómo ha cambiado tu vida desde que te rendiste a Cristo.

> *"Ellos lo han vencido por medio de la sangre del Cordero y por el mensaje del cual dieron testimonio; no valoraron tanto su vida como para evitar la muerte."*
>
> APOCALIPSIS 12:11

CÓMO PREDICAR EL EVANGELIO

El evangelio es el poder de Dios para la salvación de todos los que crean. Es la razón por la que nos involucramos en la cultura y la comunidad, nos convertimos en testigos y compartimos nuestros testimonios.

> *"A la verdad, no me avergüenzo del evangelio, pues es poder de Dios para la salvación de todos los que creen: de los judíos primeramente, pero también de los gentiles."*
>
> ROMANOS 1:16

Predica el evangelio a tus amigos y familiares usando dos simples versículos.

> *"...pues todos han pecado y están privados de la gloria de Dios,..."*
>
> ROMANOS 3:23

Todo el mundo ha pecado. El pecado es cualquier acto de desobediencia o rebelión contra Dios y, la verdad, es que ni una sola persona en la tierra ha obedecido perfectamente los mandamientos de Dios.

> *"Porque la paga del pecado es muerte, mientras que la dádiva de Dios es vida eterna en Cristo Jesús, nuestro Señor."*
>
> ROMANOS 6:23

Ya que todos hemos pecado, merecemos la muerte y somos descalificados incluso de estar en la presencia de Dios. ¡La buena noticia es que la salvación es un regalo gratuito de Dios!

La salvación se encuentra solo en Cristo porque Él murió en la cruz por nosotros, en nuestro lugar. Recibimos este regalo gratuito por fe cuando confiamos en Su obra terminada en la cruz.

Después de haber presentado el evangelio a tu familia y amigos, siéntete libre de guiarlos en oración.

CÓMO HACER DISCÍPULOS

Hacemos discípulos cuando presentamos a Jesús a las personas y les enseñamos cómo obedecer los mandamientos de Dios. Pablo le dijo a Timoteo que transfiera todo lo que ha aprendido a otros que pudieran enseñárselo a otros. Este es el discipulado.

> *"Por tanto, vayan y hagan discípulos de todas las naciones, bautizándolos en el nombre del Padre y del Hijo y del Espíritu Santo, enseñándoles a obedecer todo lo que les he mandado a ustedes. Y les aseguro que estaré con ustedes siempre, hasta el fin del mundo."*
>
> MATEO 28:19-20
>
> *"...Lo que me has oído decir en presencia de muchos testigos, encomiéndalo a creyentes dignos de confianza, que a su vez estén capacitados para enseñar a otros."*
>
> 2 TIMOTEO 2:2

APLICACIÓN PERSONAL

- ¿Es tu vida un testimonio de Dios?

  _____

  _____

- Comparte tu milagro de dos minutos con cualquiera que este leyendo esto contigo.

  _____

  _____

- Ora por tu familia y amigos que no han escuchado el evangelio todavía. Cree en Dios por las oportunidades de compartir el evangelio con ellos.

  _____

  _____

- ¡Ve y haz discípulos!

Made in the USA
Columbia, SC
17 April 2025